AF315417

NOTICE

SUR

LA MAISON NATALE

D'ALPHONSE PAILLET,

Ornée d'une Gravure sur bois,

Par Virgile CALLAND,

BIBLIOTHÉCAIRE DE LA VILLE DE SOISSONS.

Fortes creantur fortibus.

(HORACE).

PARIS.

CHEZ LEDOYEN, LIBRAIRE,

PALAIS ROYAL.

1863.

MAISON NATALE D'ALPHONSE PAILLET.

Extrait de l'ARGUS SOISSONNAIS,
du 23 Juillet 1863.

LA

MAISON NATALE

D'ALPHONSE PAILLET.

Au moment où l'on élève dans notre cité une statue à la mémoire d'Alphonse Paillet, l'un des plus illustres enfants de Soissons, nous avons cru que quelques détails sur sa famille, sur sa première enfance, et sur la maison qui lui servit de berceau, ne seraient peut-être pas sans quelque intérêt.

C'est sur les lieux mêmes et dans des papiers de famille que nous avons puisé nos renseignements.

Alphonse Paillet est né à Soissons le 17 novembre 1796, de Jean-François Paillet, notaire, et de Thérèse-Gabrielle-Scolastique Frion, femme d'un esprit supérieur, et qui avait reçu une éducation distinguée (1).

---

(1) Sans attacher plus d'importance qu'il ne convient aux avantages de la naissance, nous devons cependant mentionner que la mère de M. Alphonse était née au château de Vauvarennes (Marne), de Charles-François Frion, seigneur du lieu. C'est ce qui résulte de ses actes de naissance et de mariage que nous avons consultés.

Sans avoir joué un rôle aussi brillant que son fils , M. Paillet père n'en présente pas moins une physionomie sérieuse et importante qui mérite d'être connue : c'est en étudiant le père que nous apprendrons à connaître le fils et le secret de la haute destinée à laquelle il est parvenu.

Jean-François Paillet était originaire de Bitry, près Vic-sur-Aisne, et provenait d'une riche famille de cultivateurs.

Il fit ses études au Collége de l'Oratoire de Soissons, et alla ensuite étudier le droit à Reims, où existait alors une Faculté de ce genre.

En 1785, il se faisait recevoir avocat au Parlement de Paris, et devenait membre de ce barreau dont son fils Alphonse devait un jour devenir une des plus nobles illustrations.

Mais, par des raisons particulières que nous ignorons, il vint l'année suivante se fixer à Soissons, où il reprit, en 1788, l'étude de M. Bedel, alors l'une des plus importantes de notre ville.

Bientôt la Révolution éclate. En vain M. Paillet essaie de se renfermer dans les devoirs de sa charge et de se tenir à l'écart du grand mouvement qui agite et emporte la société : ses talents bien connus, son caractère probe et énergique le désignent malgré lui aux suffrages de l'Assemblée électorale réunie pour la nomination des nouveaux administrateurs du district de Soissons; et, en 1792, il était élu, à une très-grande majorité, Procureur syndic de la Commune.

L'année suivante, nous le voyons exerçant les fonctions d'Agent national, fonctions redoutables qu'il subit plus qu'il ne les accepta.

Aussi, profitant d'un décret qui interdisait formellement tout cumul de fonctions, se hâte-t-il de résigner cette charge pour faire option de celle attachée à son état de notaire public.

Mais les citoyens Roux et Loiseau, représentants du peuple en mission dans le département de l'Aisne, sentant la nécessité de ne voir cette difficile magistrature confiée qu'à un homme capable et jouissant de la considération du pays, lui enjoignent d'avoir à continuer ses fonctions d'Agent national, *sous peine d'être déclaré suspect et traité comme tel.*

En vain M. Paillet représente-t-il au Comité révolutionnaire de la Commune « que depuis le commencement de la Révolution il n'a cessé de marquer son dévouement à la République en occupant successivement des places, soit dans la magistrature populaire, soit dans les administrations publiques ; qu'il n'a pu payer cette dette de citoyen sans que sa santé, sa fortune, celle de sa femme et de ses enfants en souffrissent singulièrement ; que, néanmoins, il s'efforcerait encore de répondre à la confiance et au vœu des représentants du peuple, si la loi du 24 vendémiaire an II sur l'incompatibilité des fonctions administratives et judiciaires ne portait des dispositions très-expresses et prohibitives à cet égard. » Il est mis en état d'arrestation, et les scellés sont apposés sur ses effets et papiers.

Ce n'est que sur un arrêté émané du Comité de législation, présidé par Merlin de Douai, qu'il fut enfin rendu à la liberté, et maître de vaquer uniquement à ses affaires domestiques.

Les fonctions que M. Paillet fut obligé de remplir pendant cette période orageuse et brû-

lante de notre histoire étaient étendues et redoutables ; mais elles lui permirent par cela
même, et par suite de son caractère à la fois
juste, énergique et probe, de rendre à notre
ville d'importants services. Nous pourrions ci-
ter un grand nombre de personnes appartenant
aux premières familles du pays dont il a sauvé
la tête, souvent en exposant la sienne. Ancien
condisciple de Saint-Just, avec qui il avait étu-
dié chez les Oratoriens, et sur l'esprit duquel
il avait conservé un certain ascendant, il obtint
souvent du camarade de collége ce que l'homme
politique, le farouche tribun, lui aurait infail-
liblement refusé.

Nulle part le mouvement révolutionnaire,
grâce au bon esprit des habitants et à la modé-
ration de ses magistrats populaires, ne fut
moins violent qu'à Soissons. Un seul mot d'un
Agent national pouvait faire tomber une tête.
Or, disons-le avec reconnaissance et à l'hon-
neur de ceux de nos concitoyens qui à cette
époque furent investis de cette formidable dic-
tature : aucune tête n'est tombée par leur fait.

Cependant, qui le croirait ? Malgré ses services, et à raison même de ces services, M. Paillet père fut deux fois dénoncé aux rigueurs du
Comité de Salut public par la *Société populaire*
de Soissons, affiliée à celle des Jacobins.

Un historien de notre ville, M. Leroux, raconte ainsi les circonstances de la première
dénonciation :

« Cette société envoya une députation qui se
présenta le 30 janvier 1794 à la barre de la Convention. « Législateurs, dit l'orateur de la dé-
« putation, un système affreux d'oppression
« règne dans la ville de Soissons. Les meilleurs

« patriotes sont incarcérés. On a tenté de dis-
« soudre la Société populaire..... » Après s'être
plaint de la conduite de l'Agent national Paillet
et de l'arrestation du patriote Lherbon , l'orateur continue ainsi : « Le motif réel de cette
« persécution , c'est la guerre faite par la So-
« ciété populaire aux modérés, aux fédéralistes
« et aux aristocrates.... Il faut purger Soissons
« de ces royalistes. En conséquence, nous vous
« prions d'envoyer des commissaires pour
« prendre connaissance des faits et livrer en-
« suite les coupables à la justice et *au glaive*
« *de la loi.* » A quels remords déchirants
n'eussent pas été condamnés les auteurs de
cette dénonciation, si la Convention, s'asso-
ciant à leurs haines, eût donné à quelque
Collot d'Herbois la mission de purger Soissons (1) ? »

Nous voyons dans cette première dénonciation M. Paillet accusé de *modérantisme* par le
parti exalté ; dans la seconde, changeant de
tactique et se conformant aux circonstances ,
le même parti qui ne peut lui pardonner la fer-
meture de son club, va le dénoncer à la Convention comme *terroriste* et affilié de Saint-Just.

C'était le lendemain de la chute de Robes-
pierre. Les membres de ladite Société se hâtent
de se réunir, le dénoncent et appellent de nouveau sur sa tête le glaive de la loi.

Nous avons retrouvé dans les papiers mêmes
de M. Paillet la copie (2) de cette seconde dénon-

---

(1) *Hist. de Soissons*, t. 2 , p. 385.

(2) Cette pièce, importante qui n'a jamais été publiée,
curieuse et inédite, est revêtue du timbre de la Société.
Elle est signée par 87 membres dont un nommé Leroy, dit
Brutus, ci-devant frère chartreux.

ciation. On l'y accuse de nouveau d'avoir fait fermer le club de la Société populaire, et d'en avoir gardé les clefs enlevées de force par les forts de la Poterne. Avec lui figuraient sur cette liste les noms de MM. Vielle, Clouet, Blin, Fabus, Paquenot, Garnier, Rigaux (père et fils), Dubois des Charmes, Letellier, ancien trésorier, et autres citoyens non moins honorables, auxquels on reprochait également d'avoir ménagé l'aristocratie et de « n'avoir encensé la république que pour l'étouffer. » Quand on considère d'une part la qualité des accusés, et de l'autre la nature des crimes qui leur sont reprochés, il est facile de se convaincre que les terroristes, s'il y en a eu dans notre ville, ne se trouvaient pas de leur côté. Aujourd'hui que toutes ces passions politiques sont éteintes et qu'il est permis de juger plus froidement cette période si tourmentée de notre histoire, nous devons, au contraire, savoir gré aux hommes éclairés et courageux de notre cité qui n'ont pas craint de se mettre à la tête du grand mouvement de notre régénération sociale, non pour *l'étouffer*, ce qui était d'ailleurs impossible, mais pour en modérer la violence et en prévenir les excès.

Cette appréciation se trouve confirmée par notre célèbre historien, Henri Martin lui-même, qui raconte ainsi ce qui s'est passé dans nos murs, à la suite du 9 thermidor : « La Société populaire qui s'était déclarée en permanence au premier bruit des événements de Paris, envoya deux commissaires à la Convention pour demander qu'on apposât les scellés sur les papiers des amis et affidés de Saint-Just, qui furent inquiétés et menacés pendant quelques semaines ; néanmoins , *la Terreur n'ayant pas sévi à Soissons,* la réaction y fut si facilement arrêtée, que les citoyens accusés de complicité avec Saint-Just demandèrent bientôt réparation à leurs accusateurs devant la Justice-de-Paix. »

Cependant le calme se rétablissait peu à peu dans les esprits , et le jeune Alphonse grandissait à l'ombre de l'ancien couvent des Minimes dont son père venait de faire l'acquisition.

Cette maison qui lui servit de berceau et où il passa sa première enfance au milieu de nous, mérite de nous arrêter quelques instants ; elle se recommande, d'ailleurs, par d'autres titres historiques qu'il n'est pas inutile de connaître. Tout intéresse dans la vie des hommes célèbres, même le toit qui les vit naître.

L'ordre des Minimes, institué dans la Calabre par François-de-Paule , s'introduisit en France vers 1480 , lorsque Louis XI fit venir ce saint homme dans l'espérance que, par ses prières, il lui prolongerait la vie. Cent ans après, quelques bourgeois de Soissons souhaitèrent d'avoir de ces religieux qui s'étaient répandus dans plusieurs autres villes et s'y distinguaient par leur prédication. Mais il fallait une maison pour les loger et un fonds pour les nourrir. On ne trouva pas de lieu plus propre que le Collége de Sainte-Catherine où il y avait un logis et une chapelle, mais fort peu de revenus : la guerre avait ruiné les fermes qui le faisaient vivre.

Ce Collége de Sainte-Catherine, l'un des plus anciens établissements d'instruction publique de notre ville, et qui précéda de plus de deux cents ans l'existence de notre Collége communal, avait été fondé au commencement du XIIIe

siècle , dans la rue *Girondain* (1), aujourd'hui rue des Minimes, par un chanoine de la Cathédrale qui , à sa mort, en confia la direction aux religieux de Saint-Jean-des-Vignes , voisins de son établissement.

Comme ce Collége, faute de revenus et d'écoliers, n'avait plus de destination , ces religieux en abandonnèrent volontiers la possession aux Pères Minimes.

Mais il fallait vivre : Dieu bientôt y pourvut. Un jeune avocat , d'après H. Martin , témoin d'exorcismes qui se faisaient à Soissons, lia conversation avec une possédée, nommée Marguerite Aubry , la mit en fureur , éprouva l'impression des regards de cette malheureuse et devint possédé à son tour : il se croyait environné de fantômes , poussait des cris affreux et se débattait dans de douloureuses convulsions. Il alla trouver le Père Nodé, provincial des Minimes , qui s'occupait alors de reconstruire une partie des bâtiments du Collége : le Père Nodé obtint par ses prières la délivrance de Pierre Moreau , et ce jeune homme pour prix de sa guérison , fit don de quatre mille livres, avec toute l'argenterie de sa maison. Il reçut en récompense le titre de fondateur.

D'autres bienfaiteurs de l'œuvre ne tardèrent pas à se présenter. Le duc de Mayenne , entre autres , leur fit don d'une somme de six mille francs. Les Minimes lui donnèrent le titre de second fondateur , et son cœur fut enterré

---

(1) Ce nom doit provenir de *Giron d'Aisne* , l'Aisne. mêlée à la Crise, ayant autrefois baigné le fossé du mur romain qui passait par cette rue. (H. Martin)

dans l'église de ces religieux, suivant le désir qu'il en avait manifesté en mourant.

Ces religieux qui desservaient les Dames de leur Ordre, les Minimesses, subsistèrent à Soissons près de 300 ans; ils tombèrent avec les *vingt-quatre* établissements religieux supprimés dans notre ville par la Révolution.

Or, l'an 1792, le 13 mars, à la requête du procureur général syndic du département de l'Aisne, des affiches annonçaient « la vente de la maison ci-devant conventuelle des Minimes consistant en cour d'entrée, église, cloître, grands corps de bâtiments, basse-cour, écurie, et grand jardin garni d'arbres fruitiers, le tout situé rue *Franklin*, ci-devant dite des Minimes. »

Les amateurs étaient nombreux. Nous voyons figurer sur la liste les noms de MM. Allard, marchand de blé, Grandin, arpenteur, Rigaux, notaire, et Labouret, ancien président du bureau des finances. C'est à ce dernier que fut adjugé le couvent des Minimes.

En 1795, M. Paillet père qui habitait, dans la rue de la Vieille-Prison, la maison occupée aujourd'hui par M. Conseil, racheta de M. Labouret cet ancien couvent, moins une portion de jardin donnant sur la rue de Panleu et sur laquelle s'est élevée depuis la maison de M. Cuvilliez.

Mais tout y était déjà bien changé !

Le cloître et ses beaux vitraux avaient disparu; l'église, dont les murs, étaient, dit-on, couverts de grands tableaux représentant le martyre de plusieurs saints, était démolie; le cimetière et les tombes antiques qu'il renfermait, étaient rasés et convertis en verger.

Qu'est devenu, en particulier, le cœur du duc de Mayenne, confié à la garde des Minimes ?

Les bâtiments conventuels seuls étaient debout, mais transformés en maison bourgeoise et appropriés aux convenances de la vie moderne.

Dans cette acquisition, était comprise la concession d'eau de fontaine dont avaient joui les Minimes. Ces religieux, moyennant la somme de huit cent cinquante livres tournois, avaient acheté, en 1663, d'un sieur Morand, avocat, deux quarts de pouces d'eau, conjointement et pour moitié avec les filles Minimes dont le couvent était contigu au leur. Les Minimesses fournirent 500 livres ; les pères Minimes n'eurent à payer (nous dit l'acte de vente), que la somme de 350 livres « en considération des prières qu'ils s'obligeaient de dire pour le sieur Morand. »

C'est dans cette maison, vaste et salubre, et entourée d'un grand jardin qu'arrosent des eaux jaillissantes, que s'intalla, en 1795, M. Paillet père et sa famille naissante.

Par les embellissements successifs qu'il a reçus depuis, cet ancien séjour de l'étude et de la prière est devenu une des demeures les plus belles et les plus confortables de Soissons.

L'année suivante, 1796, naissait, sous l'influence de temps plus prospères et au bruit éclatant de nos victoires d'Italie, le troisième enfant de M. Paillet, le jeune Alphonse, que sa mère mit au monde précisément dans la grande et belle salle occupée naguère par le prieur des Minimes.

C'est dans cette antique enceinte, qui fut

pendant plus de cinq cents ans un véritable sanctuaire d'études, que naquit cet enfant qui devait plus tard jeter par sa parole tant d'éclat sur le barreau français !

On s'occupa de bonne heure de son éducation. Mais les temps, sous ce rapport, étaient peu favorables.

L'Ecole centrale, placée dans les bâtiments de l'ancienne Intendance, était tombée, malgré le talent de ses professeurs ; et le Collége actuel, rétabli provisoirement rue du Bauton, essayait difficilement de sortir de ses ruines.

On confia donc l'éducation du jeune Alphonse au Père Lejeune, ancien moine des Célestins de Villeneuve, supprimés par M. de Bourdeilles quelques années avant la révolution, à raison du relâchement qui régnait dans leur communauté. Placé à Sermoise, en qualité de desservant, après la suppression de son couvent, le Père Lejeune se réfugia à Soissons après la clôture des églises, donnant des leçons de latin et de français pour vivre. Il aimait beaucoup, dit-on, Horace et le bon vin. A sa figure rubiconde et rabelaisienne, on reconnaissait facilement un de ces joyeux Célestins qui, grâce à la vie plantureuse que le pays leur faisait, avaient transformé leur cloître en une abbaye de Thélème.

Tel fut le premier instituteur de notre futur avocat.

La famille de M. Paillet père se composait de quatre enfants : Charles Paillet, l'aîné, depuis notaire à Soissons, où il continue aujourd'hui d'habiter la maison paternelle, et le seul survivant des quatre ; Amélie Paillet, devenue ensuite Madame Lefèvre, femme de beaucoup d'esprit et qui aurait pu même s'illustrer par sa plume qu'elle maniait parfaitement, si sa santé lui eût permis de se consacrer tout entière à l'étude des lettres ; Alphonse Paillet, dont l'histoire nous occupe en ce moment ; et Jules Paillet, le plus jeune des quatre et décédé le premier à Provins où il remplissait les fonctions de percepteur.

L'aîné avait été de bonne heure placé à Paris dans l'institution Favard. Les trois autres enfants beaucoup plus jeunes restèrent provisoirement sous la discipline de l'ancien Célestin qui chaque jour venait leur faire la classe en famille.

Alphonse Paillet, devenu plus grand, est-il ensuite entré au Collége de Soissons? C'est un point que nous n'avons pu encore bien constater, même en interrogeant les souvenirs de son frère aîné. Ce qui cependant tendrait à nous faire croire qu'il en a suivi les cours, au moins pendant quelque temps, c'est que M. Horlier, ancien principal de cet établissement, étant venu visiter avec d'autres électeurs, M. Alphonse, candidat à la députation dans notre arrondissement, et le complimentant sur la haute réputation à laquelle il était parvenu, ajouta qu'il lui avait prédit ce brillant avenir quand il était son élève.

Nous ignorons par quel don de seconde vue M. Horlier avait deviné de si loin les brillantes destinées réservées à son élève ; car, à cette époque, d'après les traditions que nous avons recueillies à bonne source, le jeune Alphonse, ennemi de toute étude et de toute discipline, ne se distinguait que par sa pétulance, ses espiégleries, et un amour extrême pour tous les jeux de l'enfance.

Il porta les mêmes dispositions à l'institution Favard où il fut ensuite placé sous la tutelle de son frère aîné qui déjà très-avancé dans ses études, s'y distinguait par son application et ses succès.

Mais le moment vient où cet esprit qui s'ignore, va enfin prendre possession de lui-même.

C'était après une distribution de prix, où le frère aîné revenait chargé de couronnes conquises par ses laborieux efforts. Alphonse avait les mains vides, et les notes transmises sur son travail étaient loin d'être rassurantes. Son père et sa mère comprenant qu'il était temps d'aviser, éclatèrent en reproches sévères et menaçants sur les dispositions malheureuses qu'il manifestait. On l'accabla surtout sous le contraste honteux qu'il présentait avec son frère aîné, alors l'espoir et l'orgueil de la famille.

L'admonestation paternelle toucha vivement le cœur du jeune Alphonse. L'année suivante, il remportait tous les prix de sa classe. A partir de cette époque, son développement intellectuel prit chaque jour de nouvelles proportions. Elève le plus distingué du lycée Charlemagne, il obtint chaque année dans les grands concours les triomphes les plus éclatants.

C'est avec le même succès qu'il fit ensuite son droit à la Faculté de Paris.

Mais, devenu avocat, et méconnaissant ses forces, il vint se fixer, ou plutôt s'enterrer à Soissons, où son cœur d'ailleurs l'attirait vers son père et sa mère dont il était devenu, depuis ses brillants succès, l'objet de prédilection. Il désirait aussi se rapprocher de son frère aîné qui venait de reprendre l'étude de son père.

C'est à cette époque qu'il épousa Melle Elisa Paroisse (1), dont le père, docteur renommé, avait été, sous l'Empire, le premier médecin de Joseph, roi d'Espagne. Ce médecin, l'un des plus distingués qu'ait possédés notre ville, jouissait dans tout le Soissonnais d'une estime et d'une réputation égale à ses talents. Il mourut en 1825, à un âge qui lui permettait encore de rendre de grands services au pays.

Cependant, malgré ses facultés supérieures, Alphonse Paillet n'obtenait presque aucun succès à Soissons. L'air et l'espace manquaient à cet aigle pour qu'il prît son essor et déployât ses ailes dans toute la magnificence de leur envergure.

Et puis, disons-le bien bas, personne n'est prophète dans son pays ! !

Cédant enfin aux conseils d'un vieux praticien, ami de la famille, et qui gémissait de voir une aussi belle intelligence dépaysée, il partit en décembre 1824 pour la capitale où l'attendaient ses hautes destinées.

Trois mois après il se révélait à la France dans le fameux procès qui s'appelle l'*Affaire Papavoine*.

Papavoine était un homme de quarante-et-un

---

(1) De cette union, qui fut toujours heureuse, sont nés : Melle Gabrielle Paillet, épouse de M. Poyet, avocat à la Cour impériale de Paris, et M. Eugène Paillet, juge-suppléant au tribunal de la Seine, héritiers d'un des plus beaux noms dont s'honore notre tribune judiciaire.

ans, fils d'un fabricant de draps de Mouy et ayant reçu une éducation soignée. Il avait rempli, dès l'année 1804, dans l'administration de la marine, des postes assez importants, et dans ces différents emplois qui entraînaient des maniements de fonds et une comptabilité très-étendue, il ne s'était jamais attiré aucun reproche d'incapacité, d'inexactitude ou d'indélicatesse. Son père étant mort en 1823, laissant dans le plus grand désordre les affaires de sa manufacture, Papavoine se hâta de quitter son emploi, pour venir reprendre la suite des opérations de son père. Il ne réussit pas dans cette nouvelle carrière, et alors il essaya, sans succès, de rentrer dans la marine. Sa position, qui s'assombrissait chaque jour, ne fit qu'augmenter la misanthropie à laquelle il était enclin ; il en perdit le sommeil et tomba malade.

C'est dans cette situation d'esprit qu'il vint à Paris pour affaires concernant sa manufacture. Dans un de ses moments de loisir, il se dirige machinalement vers le bois de Vincennes, achète un couteau, erre au hasard dans les avenues du bois, et assassine aux côtés de leur mère deux petits enfants qu'il rencontre sur son chemin et qu'il ne connaissait même pas.

Cet horrible assassinat qui avait épouvanté la France préoccupait d'autant plus l'attention publique que les circonstances en paraissaient plus mystérieuses.

Grâce à l'intermédiaire de plusieurs de ses parents, qui avaient des relations avec la famille de Papavoine, Alphonse Paillet eut la bonne fortune d'être choisi pour défenseur du criminel.

Les débats s'ouvrirent le 24 février 1825.

(16)

« M. Paillet parut alors : c'était un jeune homme de vingt-huit ans, de haute taille , maigre de corps et les pommettes saillantes comme Plutarque nous dépeint Cicéron (1). »

Il démontra de la manière la plus victorieuse que Papavoine était, par suite de profonds chagrins et de prédispositions héréditaires, un fou atteint de monomanie homicide. Mais à cette époque la science physiologique et *aliéniste* n'était pas aussi avancée que de nos jours. On niait alors la puissance fatale de ces altérations organiques mystérieuses qui troublent l'intelligence , égarent, dépravent la volonté, développent instantanément en nous tous les instincts brutaux de notre nature , et dépouillant l'homme de ses attributs distintifs , la raison et la sensibilité , ne laissent plus apparaître et s'agiter en lui que l'animal , la bête féroce.

Papavoine fut condamné à la peine de mort ; mais son défenseur n'en venait pas moins, par la puissance et la splendeur de sa parole , de conquérir un des premiers rangs parmi les plus brillants avocats de la capitale. A peine avait-il cessé de parler que tout le barreau se pressait en foule autour de lui pour le complimenter , et l'on remarqua surtout Me Berryer qui vint embrasser en pleurant son jeune confrère.

Nous ne le suivrons pas sur ce grand et imposant théâtre où il va jouer désormais un des premiers rôles et où chacun de ses pas seront marqués par de nouveaux triomphes.

Aussi bien , n'avons-nous eu d'autre but ici

---

(1) *Causes célèbres*, par Fr. Thomas.

que de fournir à ses futurs biographes quelques notes détachées sur son enfance, sa famille, ses premiers débuts dans la carrière qu'il a parcourue avec tant d'éclat.

Chaque année, il s'empressait, aux vacances, de venir se reposer des fatigues de la tribune judiciaire dans sa ville natale, près de son frère aîné qui occupait depuis plusieurs années la maison paternelle, pleine encore de ses souvenirs d'enfance. Jusqu'à la fin, il conserva la plus haute déférence pour ce frère, qui, du reste, avait pour lui un véritable culte. Plusieurs même de ses amis, au moment des élections, l'engageant un jour, dans l'intérêt de sa candidature, à descendre de préférence à l'hôtel de la *Croix-d'Or* où, selon eux, il serait plus accessible à tous, il refusa formellement, déclarant qu'il venait avant tout à Soissons pour son frère, et qu'il mettait ses affections de famille au-dessus des exigences électorales.

Il se rendait ensuite avec bonheur à Vic-sur-Aisne où son père et sa mère s'étaient retirés dans cette charmante villa créée à grands frais, sous l'Empire, sur les bords de l'Aisne, par le duc de Gaëte, ancien ministre des finances: Après avoir complété sa vie active en remplissant successivement à Soissons les fonctions de conseiller municipal, de juge suppléant au Tribunal civil, de juge de paix, et de membre du bureau de charité, du comité d'instruction primaire et de la commission administrative des prisons, fonctions qu'il avait exercées avec ce zèle et cette honorabilité qui caractérisaient tous ses actes, M. Paillet père était venu reposer ses vieux jours dans cette délicieuse retraite, où il aimait à s'entourer de ses enfants et de leur jeune postérité.

C'est dans ce site enchanteur, l'un des plus suaves du Soissonnais, qu'Alphonse Paillet a souvent préparé ces éloquents plaidoyers qui devaient immortaliser sa mémoire.

Nous laissons aussi à d'autres le soin de le peindre lui-même dans son château de Belleau, où il accueillait avec tant de cordialité sa famille et ses amis, et où, par ses nombreux bienfaits, il se faisait vénérer par toutes les populations voisines.

Pourquoi faut-il que la mort soit venue si promptement briser une existence si glorieuse, si utile !

Le 16 novembre 1855, il plaidait à Paris devant la première chambre du Tribunal civil. C'était la même limpidité de pensées, la même verve d'expressions. Tout-à-coup sa haute intelligence se trouble, sa parole devient lente, embarrassée; soldat impassible et fixe à son poste, il veut continuer de combattre, malgré la mort qui déjà l'étreint; mais bientôt il s'affaisse sur son banc... Il est porté dans les bras de ses confrères consternés dans une salle voisine, et, quelques heures après, le barreau français avait perdu l'un de ses plus glorieux représentants.

« Il est mort comme il avait vécu : debout ! Sa robe, comme il l'avait prédit, a été son linceul. » (1)

Ses obsèques ont présenté le spectacle le plus imposant. Les ministres, les magistrats, les plus hautes cours, les hommes les plus

---

(1) Fréd. Thomas. (*Causes célèbres.*)

considérables du pays , étaient là se pressant sur sa tombe ; et, selon l'expression vraie de son biographe déjà citée « l'illustre mort s'est trouvé avoir pour cortége toutes les sommités de la France ».

Il fut inhumé au Père Lachaise, près de son père et de sa mère, qui s'étaient choisis cette dernière demeure, en exprimant le désir formel que leurs quatre enfants leur fussent un jour réunis. Déjà trois d'entre eux reposent dans le caveau de famille, mêlant leurs cendres à celles de leurs vieux parents. Il reste une quatrième place à remplir : elle est réservée au frère aîné qui, seul resté debout, malgré tant de coups qui l'ont frappé, attend avec calme l'heure où il sera appelé à se joindre pour toujours aux membres de sa famille.

Pour perpétuer autant que possible la mémoire de son bien-aimé frère, M. Charles Paillet a fait graver au-dessus de la porte de sa maison, sur une table de marbre et en lettres d'or , cette inscription commémorative :

ICI EST NÉ, EN 1796,

ALPHONSE PAILLET,

DÉCÉDÉ A PARIS EN 1855.

Les souvenirs s'effacent si vite dans l'esprit des générations , que nous avons vu la plupart de nos concitoyens ignorer même l'endroit de notre ville où il était né , quelques-uns persistant à vouloir placer son berceau dans la rue de la Vieille-Prison, que son père avait quittée deux ans avant sa naissance. Encore quelques années de semblable incurie, et l'on n'aurait pas eu plus de traces de sa maison natale qu'il n'en est resté des lieux occupés autrefois par Clovis lui-même , dont tout souvenir historique a disparu de Soissons, quoi qu'il en ait fait pendant près de dix ans le siége de son Empire.

Nous devons d'autant plus nous attacher à perpétuer la mémoire d'Alphonse Paillet , qu'il est, sans contredit, par ses talents, l'homme le plus remarquable qu'ait produit notre cité. Nous avons été curieux d'interroger à cet égard les Annales de notre histoire locale ; et nous avons constaté, non sans étonnement, mais aussi avec un nouveau degré de vénération pour l'homme qui nous occupe, qu'aucune de nos illustrations politiques, littéraires, religieuses ou militaires, ne peut lui être comparée. Lui opposerons-nous, en effet , Quinquet, inventeur de la lampe qui porte son nom ? Dambry , et sa transformation de la mèche à canon ? Daunou , de la Bletterie, . le président Hénault, Saint-Just, le général Foy, sont sortis, il est vrai, de notre Collége , mais non de notre ville. Les Mayenne (1), les Puységur (2) n'étaient pas non plus enfants de Soissons. On parle du célèbre Poussin : son père , sans doute , a habité nos murs ; mais quant à lui, il n'y est pas né et n'y a point été élevé. Un seul homme pourrait peut-être, jusqu'à un certain point, soutenir la comparaison : c'est Louis de Héricourt, savant jurisconsulte du xviie siècle , qui par ses *Lois ecclésiastiques de France* s'est placé au premier rang des canonistes français. Mais à quelle distance n'est-il pas de son confrère du xixe siècle , ce prince de la parole ,

---

(1) Ancien chef de la Ligue.

(2) Lieutenant général du Roi en 1648.

à qui, spontanément, et dans l'entraînement universel de leur admiration, notre ville et le barreau de Paris tout entier, ont voté une statue !

Serrons-nous donc avec orgueil autour de ce monument, élevé à la mémoire du plus glorieux de nos compatriotes ; et saluons avec reconnaissance cet enfant du pays dont le talent et la haute renommée ont jeté sur notre ville le plus d'éclat et d'illustration !

INAUGURATION DE LA STATUE.

Cette importante cérémonie a eu lieu le 26 Juillet 1863 dans la cour monumentale de l'ancien Palais des Intendants de la Généralité de Soissons, au milieu de laquelle s'élève la Statue en bronze de Paillet, œuvre d'art due au talent de M. Duret.

Un public nombreux et choisi se pressait dans l'enceinte réservée. On y distinguait particulièrement M. le Maire, ses Adjoints et tout le Conseil Municipal de Soissons ; la Veuve de M. Alphonse et toute la Famille Paillet ; M. Dufaure, bâtonnier de l'Ordre des Avocats de Paris, accompagné d'un grand nombre de ses collègues, et enfin toutes les notabilités judiciaires, ecclésiastiques et civiles de notre ville.

MM. Boujot, juge d'instruction de notre Tribunal ; Dufaure,

bâtonnier, Cuvilliez, bâtonnier du barreau de Soissons, Alfred
Levesque, et un ancien Elève de l'Institution Favard, ont
pris successivement la parole, et retracé en termes émou-
vants les titres de gloire d'Alphonse Paillet.

Un banquet de soixante couverts offert par le Corps municipal dans la grande salle à manger de l'Hôtel-de-Ville à l'ordre
des Avocats et aux principaux membres de la Famille, a
terminé cette solennité dont le souvenir se conservera long-
temps à Soissons.

Précédés de M Dufaure, MM. les Avocats s'étaient dirigés,
avant le banquet, vers la rue des Minimes, et y avaient
visité avec un pieux intérêt la maison, désormais historique,
qui servit de berceau à leur illustre confrère.

SOISSONS.— IMPRIMERIE DE FOSSÉ DARCOSSE,

Rue Saint-Antoine, n° 15.

www.ingramcontent.com/pod-product-compliance
Ingram Content Group UK Ltd.
Pitfield, Milton Keynes, MK11 3LW, UK
UKHW022334170726
13837UKWH00005BA/2276